I0177474

LES REGLES DE L'ENGAGEMENT
MINI

si vous vivez assez longtemps,
vous serez confronté
à un problème que l'argent,
les contacts ou la médecine
ne pourront résoudre.
Seule la connaissance
des *règles de l'engagement*
pourra vous sauver.

★ ★

KAKRA BAIDEN

Table des matières

Les règles de l'engagement

Au fil des années, j'ai vu ma vie de prière s'améliorer et la puissance de mes prières s'accroître. Des démons que je mettais des heures à chasser partent maintenant en quelques minutes. Des prières exaucées au bout de plusieurs jours le sont maintenant en quelques minutes. J'ai vu Dieu accomplir des miracles extraordinaires par mes prières.

Si Dieu ne change pas, c'est que c'est moi qui ai changé. Je crois que ce changement est dû au fait qu'avec le temps, j'ai compris de mieux en mieux les règles de l'engagement dans la prière.

QUELLES SONT LES RÈGLES DE L'ENGAGEMENT?

Le terme d'«engagement» est généralement lié au mariage, mais il s'applique aussi à une bataille entre deux armées. Les «règles de l'engagement» régissent cette bataille.

Si nous marchons dans la chair, nous ne combattons pas selon la chair. Car les armes avec lesquelles nous combattons ne sont pas charnelles; mais elles sont puissantes, par la vertu de Dieu, pour renverser des forteresses. (2 Cor. 10:3-4)

Les règles de l'engagement Mini

Que vous en soyez conscient ou non, la Bible dit que nous sommes en guerre. La bataille n'est pas physique, mais spirituelle, et notre ennemi principal est le diable.

Mes prières sont devenues plus efficaces et plus puissantes qu'avant parce que ma compréhension des règles de la prière s'est améliorée avec le temps. Cela a considérablement affecté ma vie de prière et me permet à présent de prier plus efficacement.

Restauration d'une jambe déformée

Un jour, j'ai reçu un coup de fil d'une membre de mon église qui venait d'accoucher d'une petite fille à la jambe déformée. Après que j'aie prié, la jambe était toujours déformée.

Une heure après environ, nous avons entendu des cris. Nous sommes retournés sur place et avons vu que la jambe déformée avait été remplacée par une autre jambe, parfaitement neuve.

J'ai vu la puissance de Dieu! Ce témoignage vous en dit long sur la puissance de la prière.

APPRENDS-NOUS A PRIER

La vie de prière de Jésus

Jésus avait une vie de prière puissante et efficace. La Bible le décrit souvent en train de prier.

Vers le matin, pendant qu'il faisait encore très sombre, il se leva, et sortit pour aller dans un lieu désert, où il pria. (Marc 1:35)

Un jour, les disciples de Jésus sont venus vers lui pour se plaindre de l'inefficacité de leurs prières. Luc 11:1 dit: «Jésus priait un jour en un certain lieu. Lorsqu'il eut achevé, un de ses disciples lui dit : Seigneur, enseigne-nous à prier, comme Jean l'a enseigné à ses disciples.»

Ils avaient compris que le simple fait de prier n'était pas suffisant pour que les prières soient exaucées.

Qu'est-ce qui rendait la vie de prière de Jésus si puissante? C'est simple: il avait compris les «règles de l'engagement».

Comprendre les règles de l'engagement

Si quelqu'un détourne l'oreille *pour ne pas écouter la loi*, sa prière même est une abomination. (Prov. 28:9)

Le terme de «loi» désigne un ensemble de règles et le terme d'«abomination» désigne quelque chose de dégoûtant.

Permettez-moi de reformuler ce verset pour que son sens soit plus clair: «La prière est basée sur des lois, ou règles, et celui qui ne les observe pas pourra prier autant qu'il voudra, mais sa prière sera une abomination aux yeux de Dieu.»

IDEES FAUSSES SUR LA PRIERE

Lorsque vous priez, ne soyez pas comme les hypocrites, qui aiment à prier debout dans les synagogues et aux coins des rues, pour être vus des hommes. Je vous le dis en vérité, ils reçoivent leur récompense. Mais quand tu pries, entre dans ta chambre, ferme ta porte, et prie ton Père qui est là dans le lieu secret; et ton Père, qui voit dans le secret, te le rendra. En priant, ne multipliez pas de vaines paroles, comme les païens, qui s'imaginent qu'à force de paroles ils seront exaucés. (Matt. 6:5-7)

Une «idée fausse» est tout simplement quelque chose que nous ne comprenons pas correctement. Voici quelques idées fausses sur la prière.

L'exaucement de vos prières ne dépend pas de votre emplacement géographique

... qui aiment à prier debout dans les synagogues et aux coins des rues (Matt. 6:5)

Les Pharisiens aimaient prier en des endroits spécifiques: les synagogues et les coins des rues. Selon eux, l'emplacement jouait un grand rôle dans leur vie de prière.

Certaines personnes croient que, si elles ne prient pas à un emplacement spécifique, par exemple dans une église, un champ, une salle ou un endroit où elles ont vécu une expérience spéciale ou surnaturelle, Dieu n'entendra pas leurs prières.

Imaginez si vous aviez un fusil qui ne fonctionne que chez vous. Un vrai fusil doit marcher partout: dans la rue, à la cuisine, au supermarché et même dans la salle de bains.

Jésus priait partout: sur les montagnes, au bord de la mer, aux mariages, dans la rue, dans des foyers et quand il se déplaçait. Beaucoup de ses miracles sont survenus en dehors des églises.

Un jour, on m'a appelé d'Afrique du Sud pour me demander la prière. A la fin de ma prière, silence au bout de la ligne. Après quelques secondes, j'ai réentendu la voix de mon interlocutrice. Quand je lui ai demandé pourquoi elle ne répondait plus, elle m'a répondu: «Je suis tombée sous la puissance.»

La puissance de Dieu est passée par la ligne téléphonique et l'a renversée. Tout cela s'est produit alors que j'étais assis devant un repas dans ma salle à manger. Puissiez-vous accomplir des miracles en mangeant!

La femme au puits

En Jean 4, la Bible mentionne une femme avec qui Jésus a eu une conversation. Elle lui a dit:

Nos pères ont adoré sur cette montagne; et vous dites, vous, que le lieu où il faut adorer est à Jérusalem. Femme, lui dit Jésus, crois-moi, l'heure vient où ce ne sera ni sur cette montagne ni à Jérusalem que vous adorerez le Père. (Jean 4:20-21)

Mais l'heure vient, et elle est déjà venue, où les vrais adorateurs adoreront le Père en *esprit* et en *vérité*; car ce sont là les adorateurs que le Père demande. (Jean 4:23)

La prière est mue par la *vérité*, par les principes de la *Parole de Dieu* et de la *direction de l'Esprit*. C'est ce qui la rend efficace.

L'exaucement de nos prières ne dépend pas forcément de leur longueur

En priant, ne multipliez pas de vaines paroles, comme les païens, qui s'imaginent qu'à *force de paroles* ils seront exaucés. (Matt. 6:7)

Les longues prières sont parfois nécessaires, mais elles ne garantissent pas l'exaucement. Jésus lui-même avait l'habitude de prier longtemps.

Certaines personnes croient que, parce qu'elles ont passé la nuit à une veillée de prière, leurs prières seront exaucées. Alors, elles sont frustrées quand elles ne voient pas de fruits. Rien n'est plus éloigné de la vérité.

Parfois, des cœurs et des mains vides qui n'ont peut-être même pas lu leur Bible de l'année pensent que seul le temps consacré à la prière garantit l'exaucement. Malheureusement, les prières de telles personnes ont souvent très peu de succès.

Dans le livre d'Esaïe, la Bible donne la réponse de Dieu aux longues prières d'Israël: «Quand vous étendez vos mains, je détourne de vous mes yeux; quand vous multipliez les prières, je n'écoute pas : vos mains sont pleines de sang.» (Esa.1:15) Les Israélites «multipli[aient] les prières» en pensant ainsi obtenir l'exaucement, mais Dieu leur dit: «Apprenez à faire le bien...» (Esa. 1:17).

Ils étaient sous le coup de l'ignorance: ils n'avaient pas appris les «règles de l'engagement».

La femme schizophrène

Un jour, j'ai reçu un coup de fil d'un de mes pasteurs, qui m'a parlé d'une femme souffrant de schizophrénie qui avait été amenée à l'église pour recevoir la prière. J'ai décidé de prendre un temps de repos avant d'aller à la veillée de prière.

Pendant que je dormais, le Seigneur m'est apparu et m'a dit: «L'efficacité de la prière ne dépend pas que de sa durée. Quand tu rencontreras cette femme malade, ne prie pas plus d'une minute, sinon je n'exaucerai pas ta prière. Ordonne seulement à l'esprit de sortir d'elle et je le chasserai.»

Plus tard, en arrivant à l'église, j'ai trouvé la femme et sa famille qui m'attendaient avec impatience. Je lui ai imposé les mains et lui ai dit: «Au nom de Jésus, je te délivre de toute puissance démoniaque qui entrave ton esprit. Amen!» Puis, je me suis tourné vers les membres de sa famille et leur ai annoncé qu'elle était guérie!

Ils m'ont regardé, incrédules, et ont demandé: «Ah, pasteur, c'est tout?» L'expression de leur visage trahissait la confusion. Pourquoi? Parce qu'ils associaient l'efficacité d'une prière à sa longueur.

Ils m'ont appelé après trois jours, débordants de joie, pour me dire qu'ils l'avaient observée pendant les trois derniers jours et qu'elle était vraiment guérie.

L'exaucement de nos prières ne dépend pas du volume de notre voix

Que vous priiez à voix haute ou silencieusement n'a aucune incidence sur l'exaucement de vos prières, sauf sous l'influence du Saint-Esprit. Certaines personnes associent la puissance de leur prière à leur volume sonore. Dieu n'est ni sourd, ni nerveux. Hébreux 5:7 décrit la prière de Jésus dans le jardin de Gethsémané:

C'est lui qui, dans les jours de sa chair, ayant présenté avec de *grands cris* et avec *larmes* des prières et des supplications à celui qui pouvait le sauver de la mort, et ayant été exaucé à cause de sa piété (Héb. 5:7)

Je voudrais cependant mettre en avant le fait que Jésus n'a pas été exaucé à cause de ses larmes, de ses grands cris et de sa sueur, mais «à cause de sa piété».

De même, si vous restez silencieux comme un moine, cela ne veut pas non plus dire que Dieu exaucera vos prières.

La prière silencieuse peut porter du fruit

Anne a prié pour demander un enfant à Dieu. Parce qu'il ne l'entendait pas, Éli a pensé qu'elle était ivre. Malgré son silence, sa prière a touché le ciel.

Anne *parlait dans son cœur, et ne faisait que remuer les lèvres, mais on n'entendait point sa voix.* Éli pensa qu'elle était ivre. (1 Sam. 1:13).

La prière à voix haute peut porter du fruit

Ayant dit cela, il cria d'une voix forte: Lazare, sors! Et le mort sortit, les pieds et les mains liés de bandes, et le visage enveloppé d'un linge. Jésus leur dit: Déliez-le, et laissez-le aller. (Jean 11:43-44)

Lors de la résurrection de Lazare, quand Jésus a élevé la voix et ordonné au défunt de sortir, ce dernier est immédiatement ressuscité. La puissance vocale a sa place dans nos prières et peut ressusciter les morts. Amen!

L'exaucement de nos prières ne dépend pas entièrement du jeûne

Lorsque vous jeûnez, ne prenez pas un air triste, comme les hypocrites, qui se rendent le visage tout défait, pour montrer aux hommes qu'ils jeûnent. Je vous le dis en vérité, ils reçoivent leur récompense. (Matt. 6:16)

Le jeûne est une très bonne chose, mais il doit être régi par les règles de l'engagement. Beaucoup de jeûneurs ne sont pas conscients qu'il ne font qu'une grève de la faim.

Esaïe 58 mentionne un groupe qui a jeûné pendant un certain temps sans être exaucé.

Ils ont fait la dangereuse assertion que si seulement ils jeûnaient, leurs prières parviendraient au ciel. Dans ce cas, Dieu devrait exaucer les prières des sorciers qui jeûnent!

... Vous ne jeûnez pas comme le veut ce jour, Pour que votre voix soit entendue en haut. (Esa. 58:3-4)

Il doit divorcer de sa femme pour m'épouser

Un jour, une femme m'a dit que le mari de quelqu'un d'autre devait l'épouser. Elle a donc jeûné pour cela.

Certaines personnes mettent en place des plans machiavéliques et cherchent à les imposer à Dieu par le jeûne et la prière.

La règle des relations

RELATION PERE-FILS

L'exaucement de nos prières est déterminé par la loi des relations. Un jour, une jeune femme m'a dit qu'elle avait prêté des milliers de dollars sans garantie à son ex-petit ami. Après leur rupture, elle n'a pas pu recouvrer son argent faute de preuves. Elle était prête à renoncer à ses économies à cause de leur relation.

LE FONDEMENT DES PRIERES EXAUCEES

En Matthieu 6:9, Jésus enseigne que le fondement des prières exaucées est notre relation avec Dieu.

Voici donc comment vous devez prier: Notre Père qui es aux cieux! Que ton nom soit sanctifié; que ton règne vienne. (Matt. 6:9-10a)

Jésus nous a appris, quand nous prions, à dire: «*Notre Père*». Ce terme représente la relation la plus étroite qui soit.

Notre relation avec Dieu est le fondement de toutes nos prières. Toutes les promesses du Notre Père, comme «Donne-nous aujourd'hui notre pain quotidien» et «Délivre-nous du malin», sont déterminées par cette relation: la relation père-fils.

Les hommes à l'œuvre!

Un jour, alors que je ramenais ma fille de l'école, j'ai croisé un mendiant au bord de la rue, qui espérait recevoir quelque chose des automobilistes. Certains l'ignoraient complètement, d'autres lui lançaient des pièces.

Avant que nous n'arrivions à la maison, ma fille m'a dit avec sa petite voix douce: «Papa, je veux que tu m'achètes des bonbons.» Je suis allé à une boutique à proximité et lui en ai acheté, ainsi que d'autres choses qu'elle ne m'avait pas demandées.

Ma fille n'a pas eu besoin de travailler ni de mendier pour les bonbons, à cause de notre relation: elle est ma fille chérie et je suis son papa, point! J'étais prêt à faire abondamment et au-delà de tout ce qu'elle pouvait me demander, ou même penser.

Une bonne relation compte

Celui qui m'a envoyé est avec moi; il [mon Père] ne m'a pas laissé seul, parce que je fais toujours ce qui lui est agréable. (Jean 8:29)

Certains enfants de Dieu ont une très mauvaise relation avec leur Père céleste, qui les prive de leur héritage en Christ. Les prières de certains chrétiens ne sont pas exaucées à cause de leur mauvaise relation avec leur Père céleste.

L'homme d'affaires peu scrupuleux

Il y a plusieurs années, j'ai visité l'atelier d'un entrepreneur qui était censé nous fabriquer des meubles. Nous avions déjà avancé une partie de l'argent. On m'a dit que je ne pourrais pas le voir parce qu'il était au milieu d'un jeûne de 21 jours. Je me suis dit qu'il devait s'agir de quelqu'un de très spirituel. Par la suite, j'ai découvert que c'était un menteur et un tricheur de première classe, parce qu'il a commencé à se jouer de nous. Alors, je me suis demandé comment quelqu'un qui prie et jeûne 21 jours peut-être si malhonnête?

La règle des relations ressuscite les morts

Je ne sais pas si l'histoire de Lazare vous est familière. Il était mort depuis quatre jours, mais Jésus l'a ressuscité.

La foi et l'assurancede Jésus en sa résurrection était fondée sur la loi des relations. Jésus a levé les yeux au ciel et a dit: «Père», pour lui rappeler leur relation. Il s'est appuyé sur sa relation avec Dieu pour ressusciter Lazare.

Cela me rappelle ma petite fille Chloe. Quand elle lève ses beaux petits yeux pour me regarder dans les yeux et dire: «Papa, je voudrais une glace», quelque chose dans mon cœur se brise. Quand mes enfants me demandent quelque chose de légitime, j'ai du mal à dire non! Dès le moment où j'entends ce mot magique: «Papa», je suis sous leur charme. C'est la puissance de notre relation, et non leurs efforts, qui me pousse à répondre à leur prière.

La règle des relations ouvre les cieux

Tout le peuple se faisant baptiser, Jésus fut aussi baptisé; et, pendant qu'il priait, le ciel s'ouvrit, et le Saint-Esprit descendit sur lui sous une forme corporelle, comme une colombe. Et une voix fit entendre du ciel ces paroles: Tu es mon Fils bien-aimé; en toi j'ai mis toute mon affection. (Luc 3:21-22)

Les cieux se sont ouverts sur ma vie

Je me souviens qu'un jour, alors que je passais quelques jours dans la prière et le jeûne pour chercher la communion avec le Saint-Esprit, le cinquième jour, vers 3h du matin, j'ai entendu une voix audible dans la pièce m'appeler trois fois par mon nom: «Kakra, Kakra, Kakra.»

Débordant de joie, j'ai crié: «Saint-Esprit!» Ce jour-là, les cieux se sont ouverts sur moi. Ce fut l'une des plus belles expériences de ma vie.

La raison pour laquelle Dieu s'est manifesté lors du baptême de Jésus était la loi des relations. Il a dit: «Tu es mon Fils bien-aimé.» Ce n'était pas en premier lieu à cause du jeûne, de la prière, ni même du baptême, mais parce qu'il était son fils.

RELATIONS AVEC LES AUTRES HOMMES

En plus de notre relation avec Christ, notre relation avec les autres hommes influence aussi fortement notre vie de prière. Je voudrais examiner avec vous trois de ces relations.

1. La relation entre vous et votre conjoint

Afin que rien ne fasse obstacle à vos prières

Maris, montrez à votre tour de la sagesse dans vos rapports avec vos femmes, comme avec un sexe plus faible; honorez-les, comme devant aussi hériter avec vous de la grâce de la vie. Qu'il en soit ainsi, afin que rien ne vienne faire obstacle à vos prières. (1 Pierre 3:7)

Les hommes sont censés demeurer avec leurs femmes à cause de la connaissance. De quelle connaissance s'agit-il exactement? De la connaissance que, si votre relation avec votre conjoint n'est pas bonne, cela fera obstacle à vos prières. Il est surprenant de voir l'accent que Dieu met sur les relations et la prière.

SIGNATAIRES CONJOINTS

Ma femme et moi mettons notre argent en commun. Nous sommes signataires conjoints pour les mêmes comptes. Par le mariage, nous devenons signataires conjoints d'un «compte spirituel commun», créé pour nous au ciel. Il y a une banque céleste qui pourvoit à nos besoins quand nous prions.

Il est intéressant de noter ici que, pour accéder à ce compte, vous avez besoin de la signature de votre conjoint, qui est cosignataire. Sans cette signature, vous ne pourrez encaisser aucun chèque. Vos prières seront entravées.

Dieu a commencé à rire

Je me souviens d'un sérieux désaccord que j'ai eu un jour avec ma femme. En colère, je suis allé dans mon bureau pour prier et chercher le Seigneur. Quand j'ai commencé à prier, c'était comme si j'entendais Dieu rire. Le Saint-Esprit m'a dit: «Ne perds pas ton temps: va te réconcilier avec ta femme avant de venir me parler.»

La conclusion finale

Enfin, Pierre conclut sur ces mots: «Car les yeux du Seigneur sont sur les justes et ses oreilles sont attentives à leur prière, mais la face du Seigneur est contre ceux qui font le mal.» (1 Pierre 3:12) Dieu s'intéresse davantage à votre relation avec votre conjoint qu'à vos belles et grandioses prières à l'église.

Si vous avez quelque chose contre votre conjoint, il est temps de lâcher prise à cause d'enjeux plus élevés:à savoir toute votre vie de prière.

2. Votre relation avec vos frères et sœurs en Christ

Si donc tu présentes ton offrande à l'autel, et que là tu te souviennes que *ton frère a quelque chose contre toi, laisse* là ton offrande devant l'autel, et va d'abord te *réconcilier avec ton frère;* puis, viens présenter ton offrande. (Matt. 5:23-24)

Ce passage biblique présente nos offrandes comme un don fait à Dieu. Il peut s'agir d'une offrande d'argent, de louange ou d'adoration.

Dieu attache une plus grande importance aux bonnes relations entre croyants qu'aux prières et offrandes.

Beaucoup de personnes donnent aux églises, mais pas à Dieu. Alors qu'ils sont remplis d'animosité envers leurs frères et sœurs, ils donnent tout de même leurs offrandes à Dieu. Le verdict de Dieu est définitif: il rejettera votre offrande si vous avez quelque chose contre votre frère.

Vision du manque de pardon

Un jour, après un désaccord avec un frère en Christ, et comme il nous arrive parfois de faire, je me suis dit, je lui ai pardonné, mais je ne voulais plus rien avoir à faire avec lui. Cette nuit-là, j'ai eu une vision très forte, qui m'a révélé mon état spirituel.

Dans cette vision, j'étais en prison avec des criminels endurcis. Au bout d'un moment, un ange m'est apparu et m'a dit: «Nous savons que tu es pasteur, mais Dieu t'a rejeté de sa présence parce que tu refuses de pardonner au frère untel.»

J'étais choqué de découvrir que mon amertume et mon refus de pardonner m'avaient privé de la présence de Dieu. Comment mes prières seraient-elles exaucées? Alors, je me suis repenti et ai demandé pardon.

3. Votre relation avec les faibles

Celui qui ferme son oreille au cri du pauvre Criera lui-même et n'aura point de réponse. (Prov. 21:13)

En regardant le ministère de Jésus, vous verrez qu'il se souciait réellement du pauvre et du faible. Il n'y a donc rien d'étonnant à ce que sa vie de prière ait été aussi puissante.

La règle de la faveur

Le terme «faveur» signifie faire preuve de bonté ou se montrer partial envers quelqu'un. J'ai quatre enfants. Parfois, ce que je fais pour eux dépend en partie de la faveur qu'ils ont à mes yeux. Les aînés savent que leur plus jeune sœur a davantage ma faveur à cause de son âge. Pour cette raison, mes autres enfants cherchent à se servir d'elle pour obtenir ma faveur.

Un jour, alors que j'étais dans ma chambre, elle est entrée et m'a dit: «Papa, je veux te dire quelque chose.»

A sa manière de parler, j'ai compris que c'était un de ses frères ou sœurs qui l'avait envoyée.

Je l'ai regardé et lui ai demandé: «Qui t'a envoyé?»

Elle m'a regardé innocemment et m'a répondu: «C'est Caleb.»

Caleb est mon fils aîné, qui sait à quel point la faveur est importante pour obtenir ce qu'il demande.

Jésus jouissait de la faveur de Dieu

En Jean 11:21-22, Marthe dit: «Seigneur, si tu eusses été ici, mon frère ne serait pas mort. Mais, *maintenant même, je sais que tout ce que tu demanderas à Dieu, Dieu te l'accordera.*»

Marthe voulait dire que Jésus avait une faveur devant Dieu qu'elle n'avait pas. Quand elle avait demandé à Dieu de ramener son frère à la vie, rien ne s'était passé; mais elle savait qu'il exaucerait la prière de Jésus, car ce dernier bénéficiait de sa faveur.

VOUS POUVEZ GRANDIR EN FAVEUR

Saviez-vous que vous pouviez grandir en faveur? Jésus est né avec une certaine mesure de faveur, qu'il a consciemment augmentée pendant sa vie.

Et Jésus *croissait* en sagesse, en stature, et en *grâce*, devant Dieu et devant les hommes. (Luc 2:52)

COMMENT OBTENIR LA FAVEUR

Celui qui m'a envoyé est avec moi; il ne m'a pas laissé seul, parce que je fais *toujours* ce qui lui *est agréable*. (Jean 8:29)

Je sais ce qui plaît à ma femme et je fais parfois ces choses pour obtenir sa faveur. Je sais ce que je dois faire, surtout quand la nuit approche. De même, certaines choses plaisent à Dieu et nous permettent d'obtenir sa faveur.

Jésus voulait dire qu'il savait exactement ce qu'il devait faire pour obtenir la faveur de son

Père et qu'il le faisait toujours. Pas seulement parfois: toujours.

Pour obtenir la faveur de Dieu, nous devons apprendre à faire ce qui lui plaît. De quoi s'agit-il?

1. La sainteté

Jésus plaisait à Dieu car il était saint

Tout le peuple se faisant baptiser, Jésus fut aussi baptisé; et, pendant qu'il priait, le ciel s'ouvrit, et le Saint-Esprit descendit sur lui sous une forme corporelle, comme une colombe. Et une voix fit entendre du ciel ces paroles: Tu es mon Fils bien-aimé; en toi j'ai mis toute mon affection. (Luc 3:21-22)

Je me suis demandé ce que Jésus avait fait jusque-là pour obtenir la faveur de Dieu. A ce moment-là, il n'avait pas encore jeûné quarante jours, ni commencé à prêcher, ni guéri ou converti qui que ce soit. Pourtant, Dieu prenait plaisir en lui. Pourquoi? La raison est simple: il vivait une vie sainte.

Jésus était comme un agneau, symbole de pureté et de sainteté, et c'est pourquoi le Seigneur prenait plaisir en lui.

Beaucoup de personnes ont remplacé la sainteté par la religion. Le terme de «religion» décrit ce que nous faisons pour Dieu. Ils ont revêtu des feuilles de figuier pour couvrir leur nudité. Ils font le tour des prophètes, des hommes de Dieu, des églises et des réunions de prière, parfois même pour cacher leur désobéissance. Nous devons seulement être saints. Ainsi, lorsque nous chuchoterons, le ciel entendra.

2. La crainte de Dieu

Il accomplit les *désirs* de *ceux qui le craignent, il entend leur cri* et il les sauve. (Ps. 145:19)

Alors ceux qui craignent l'Éternel se parlèrent l'un à l'autre; l'Éternel fut attentif, et il écouta; et un livre de souvenir fut écrit devant lui pour ceux qui craignent l'Éternel et qui honorent son nom. (Mal. 3:16)

Si vous craignez Dieu, même vos conversations de la vie de tous les jours deviennent comme une prière. Je l'ai vu plusieurs fois dans ma propre vie, quand quelque chose que j'avais mentionné dans une conversation s'est manifesté comme un exaucement de prière.

Mon téléphone défectueux a été remplacé

Il y a quelque temps, j'avais un beau téléphone que j'aimais vraiment, mais il a soudain eu un problème. Le même jour, je parlais avec un de nos pasteurs et lui ai dit: «Ce téléphone n'est pas bon. Je dois le changer et en acheter un nouveau.»

Le lendemain, un frère est venu me voir et m'a dit: «Prophète, je pensais juste que je devais vous faire ce cadeau.» En l'ouvrant, c'était le dernier modèle de mon téléphone défectueux. Dieu avait entendu ma conversation et répondu à ma remarque.

La règle de la foi

Pour obtenir la faveur de Dieu, vous devez être rempli de foi, car la foi plaît à Dieu. Je prêchais récemment à une conférence quand j'ai vu une femme couchée sur l'estrade, immobile. L'Esprit de Dieu m'a dit: «Je suis prêt à guérir cette femme si tu le crois.»

J'ai répondu: «Je crois, Seigneur.»

Alors, le Saint-Esprit m'a dit: «Dis-leur qu'elle va marcher, puis danser.»

Je l'ai dit courageusement et ai demandé qu'on m'emmène la femme. J'ai demandé à sa famille de la tenir debout, l'ai prise par la main, puis ai demandé à ceux qui la tenaient de tous la lâcher.

Quand ils l'ont lâchée, la femme paralysée est restée debout toute seule. Je l'ai tirée vers moi et ai commencé à marcher avec elle. Ses premiers pas étaient courts et hésitants, mais à chaque pas, sa démarche s'affermissait. En arrivant à une extrémité de l'estrade, je l'ai lâchée et elle a commencé à marcher, puis, enfin, à danser, d'elle-même. Jésus l'avait guérie! La foi avait obtenu la faveur de Dieu.

LA VOLONTE DE DIEU

En Luc 22:42, Jésus dit: «Père, si tu voulais éloigner de moi cette coupe! Toutefois, que ma volonté ne se fasse pas, mais la tienne.» Une manière d'obtenir la faveur de Dieu est de faire sa volonté.

La plupart des sociétés donnent des primes de début ou de fin d'année. Leur taille peut varier en fonction du niveau de l'employé et de sa contribution. Un employé qui accomplit la «volonté de la société» et excelle dans ses fonctions obtiendra la faveur de son employeur et recevra une prime.

Le terme «volonté» renvoie à la capacité de prendre des décisions. Dieu a donné cette capacité à chaque homme. Quand nous choisissons de faire sa volonté, cela lui plaît et nous obtenons sa faveur.

Mes enfants ne m'ont pas obéi

Un jour, ma femme et moi sommes sortis ensemble en soirée. Quand nous sommes rentrés, nos enfants étaient encore debout. Ils avaient profité de notre absence pour sortir contre notre volonté. Ils sautaient et jouaient, tout en sachant pertinemment que l'heure à laquelle il devait se coucher était passée. En colère, je les ai mis au lit.

Après un moment, ma petite fille, qui a toujours trouvé faveur à mes yeux, est venue me voir pour me dire: «Papa, je veux manger.»

Je lui ai répondu: «Non, tu ne mangeras pas. Va dormir.»

A ce moment-là, elle avait perdu ma faveur parce qu'elle m'avait désobéi, c'est pourquoi j'ai refusé sa requête. Si vous allez à l'encontre de la volonté de Dieu, vous perdrez sa faveur.

Nous avons auprès de lui cette assurance, que si nous demandons quelque chose selon sa volonté, il nous écoute. Et si nous savons qu'il nous écoute, quelque chose que nous demandions, nous savons que nous possédons la chose que nous lui avons demandée. (1 Jean 5:14-15)

Je me souviens que lorsque j'étais adolescent, chaque fois que je désobéissais à mon père, j'avais peur quand il rentrait à la maison. Je restais loin de lui et n'osais pas lui demander de faveur, comme de pouvoir emprunter sa voiture, parce que je savais que j'avais fait quelque chose de mal. Ceux qui vont à l'encontre de la volonté de Dieu auront peur de lui et resteront loin de lui.

La règle de la miséricorde

DIEU EST MISERICORDIEUX

Et l'Éternel passa devant lui, et s'écria : L'Éternel, l'Éternel, Dieu miséricordieux et compatissant, lent à la colère, riche en bonté et en fidélité, qui conserve son amour jusqu'à mille générations, qui pardonne l'iniquité, la rébellion et le péché, mais qui ne tient point le coupable pour innocent, et qui punit l'iniquité des pères sur les enfants et sur les enfants des enfants jusqu'à la troisième et à la quatrième génération! (Ex. 34:6-7)

Dieu a révélé sa nature à Moïse. Pour résumer, Dieu a dit à Moïse qu'il a deux facettes: il est un Dieu *miséricordieux*, mais aussi un *juge*.

Vous devez comprendre que Dieu est miséricordieux

Il est très important de comprendre la miséricorde de Dieu pour avoir une vie de prière puissante. Vous vous demandez peut-être pourquoi? Parce que chaque fois que vous prierez, vous ne vous sentirez pas à la hauteur et aurez l'impression de n'avoir pas fait quelque chose que vous auriez dû faire. Ce sentiment peut miner votre foi et vous faire manquer de courage et de foi dans vos prières.

Comment pouvons-nous dépasser ce sentiment d'impuissance, d'insuffisance et de culpabilité? Par la connaissance de la nature de Dieu! En comprenant qu'il est un Dieu de miséricorde!

Une vision concernant la miséricorde de Dieu

Un jour, j'ai eu une vision et me suis retrouvé devant le trône de Dieu. Le film de la vie d'une personne était projeté sur grand écran. Cet homme était impliqué dans des activités pécheresses: il battait et escroquait les autres, forniquait, mentait, s'enivrait, etc. Je me demandais comment on pouvait faire tout cela sous le regard de Dieu. En même temps, je ne voyais pas le visage de cet homme mauvais: je ne le voyais que de dos.

Pendant que le film se poursuivait, je me demandais qui était cet homme. Enfin, il s'est retourné. Devinez qui c'était? *Moi!*

Même si je n'avais pas pratiqué ces choses physiquement, Dieu me montrait l'état de mon cœur et de mon esprit.

A ma grande surprise, le Seigneur a parlé et a dit: «Donnez à cet homme une promotion.» Je ne la méritais pas, car j'étais un homme pécheur.

Je me demandais de quelle sorte de promotion il s'agissait. C'est alors que j'ai compris que je me tenais devant le trône de grâce. Je n'étais pas seulement pardonné, mais j'étais aussi promu, non à cause de mes œuvres, mais à cause de sa miséricorde.

VOTRE POINT DE VUE SUR JESUS EST TRES IMPORTANT

L'expression «point de vue» a trait à notre manière de voir les choses. Notre manière de voir les problèmes est importante. Chaque problème peut devenir une opportunité, en fonction de comment nous le voyons.

Quand David a vu Goliath, il a vu une opportunité: une jolie fille, de l'argent et l'exemption d'impôts. Quand les soldats ont vu Goliath, ils ont vu leur sang versé le long des rues et se sont enfuis. Comment voyez-vous Jésus?

JESUS, NOTRE GRAND SOUVERAIN SACRIFICATEUR

Ainsi, puisque nous avons un grand souverain sacrificateur qui a traversé les cieux, Jésus, le Fils de Dieu, demeurons fermes dans la foi que nous professons. Car nous n'avons pas un souverain sacrificateur qui ne puisse compatir à nos faiblesses; au contraire, il a été tenté comme nous en toutes choses, sans commettre de péché. Approchons-nous donc avec assurance du trône de la grâce afin d'obtenir miséricorde et de trouver grâce, pour être secourus dans nos besoins. (Héb. 4:14-16)

Ce passage commence par «ainsi», un terme marqueur de point de vue. Notre point de vue sur Jésus est très important si nous voulons nous approcher de lui de manière convenable à travers la prière.

Il est notre avocat

Jésus est au ciel, où il nous représente et plaide notre cause. Il est donc très important de voir Jésus comme notre avocat, qui intercède pour nous, pas contre nous.

Le Fils de Dieu: il est influent

En plus d'être grand-prêtre, il est aussi très influent au ciel. Il n'est pas qu'une personne ordinaire: il est le Fils de Dieu.

Un jour, une femme qui voulait que je prie pour elle a décidé de me transmettre sa requête par l'intermédiaire de ma fille de 4 ans.

Je me suis immédiatement mis à genoux pour prier pour elle.

Quand nous transmettons nos requêtes à Dieu par son Fils, nous avons la certitude qu'il recevra le message directement dans sa «chambre à coucher».

Il a une position stratégique

Jésus n'est pas seulement le Fils de Dieu: il occupe une place stratégique, il est assis à la droite de Dieu, juste à côté de lui. Même s'il chuchote seulement, Dieu l'entendra.

Il compatit à nos souffrances

Car nous n'avons pas un souverain sacrificateur qui ne puisse compatir à nos faiblesses; au contraire, il a été tenté comme nous en toutes choses, sans commettre de péché. (Héb. 4:15)

Il y a une différence entre l'empathie et la sympathie. Le terme «sympathie» signifie avoir de la compassion pour quelqu'un, se soucier de lui, tandis que «empathie» signifie comprendre ce qu'il ressent parce qu'on a expérimenté la même chose.

C'est toujours facile de se rapprocher de quelqu'un qui a vécu la même chose que nous, parce qu'il nous comprendra mieux et prendra mieux soin de nous, tandis que les novices ne comprennent pas la situation.

LA MISERICORDE DE DIEU

Approchons-nous donc avec assurance du trône de la grâce afin d'obtenir miséricorde et de trouver grâce, pour être secourus dans nos besoins. (Héb. 4:16)

Parfois, quand certaines personnes ne viennent pas à l'église, je sais qu'elles cherchent à faire une purge. Elles restent chez elles pendant deux semaines, jusqu'à ce qu'elles se sentent assez saintes pour revenir à l'église. Elles ne reviennent que lorsqu'elles se sentent pardonnées.

Le pardon n'est pas un sentiment: il est fondé sur l'intégrité de la Parole de Dieu. Vous n'avez pas besoin de vous sentir pardonné: si vous vous êtes repenti et avez demandé pardon, vous savez que vous l'êtes. Jésus est assis sur un trône de grâce, pas sur le trône de justice.

Un jour, je suis allé prêcher à l'étranger. En route pour le culte, j'ai dit au pasteur: «J'ai faim. Je dois rentrer manger.» Ensuite, nous sommes allés au culte et j'ai prêché avec puissance, avec des miracles et des signes.

Après le culte, le pasteur m'a dit: «Prophète, ça m'a beaucoup surpris quand vous avez mangé. Je pensais que vous jeûneriez et prieriez avant d'arriver.»

Je me suis tourné vers lui et lui ai répondu: «Le fondement de mon ministère n'est pas le jeûne et la prière, mais la miséricorde de Dieu.»

Je voudrais vous partager une lettre que j'ai reçue d'un incroyant qui a été miraculeusement guéri lors d'un culte de miracles.

Guéri d'une insuffisance hépatique!

Cher prophète,

Ma santé déclinait et je dépérissais de jour en jour. Je ne savais pas ce qui n'allait pas.

Un collègue de bureau m'a fait remarquer que mon teint avait considérablement changé et que j'avais perdu beaucoup de poids.

Enfin, on m'a diagnostiqué une inflammation du foie, c'est-à-dire que je perdais mes enzymes du foie. Toute ma vie s'est arrêtée. Que pouvais-je faire alors que je venais d'apprendre que j'étais sur le seuil de la mort? Le médecin était très préoccupé. Il pensait que j'étais trop jeune pour mourir.

Il m'a demandé de rester alité pour me reposer. Deux jours après, vous aviez votre conférence.

Ma sœur et ma mère ont pensé que c'était le bon moment. Elles m'ont mis au défi de tester Dieu. J'ai assisté à la convention contre avis médical.

Trois jours après, j'ai dit à mon médecin que j'étais guéri. Il n'y croyait pas.

Il m'a demandé de faire d'autres examens dans trois laboratoires différents pour le prouver. Je lui ai montré les résultats et ils disaient tous la même chose: mon foie était guéri.

Depuis lors, j'ai une raison de croire en Dieu, par Jésus-Christ son Fils!

La règle de l'amour

«Il m'a escroqué»

Un jour, j'ai rencontré une inconnue à l'aéroport, qui m'a dit: «Prophète, je suis si heureuse de vous voir. Vous ne me connaissez pas, mais j'ai un problème dont je voudrais parler avec vous.» J'ai décidé de lui consacrer un peu de mon temps.

Elle a poursuivi: «J'avais un petit ami qui m'a pris beaucoup d'argent avant de rompre la relation.»

Je lui ai demandé pourquoi elle lui avait donné tout cet argent?

Elle m'a répondu: «Vous savez, prophète, je l'aimais. Donc, il a commencé à m'emprunter de l'argent. Je suis consciente qu'il m'a exploitée, parce qu'il savait que je ferais tout pour lui. C'est ainsi qu'il m'a plumée.»

De même, si vous savez combien Dieu vous aime, vous pouvez le «plumer»!

Lui, qui n'a point épargné son propre Fils, mais qui l'a livré pour nous tous, comment ne nous donnera-t-il pas aussi toutes choses avec lui? (Rom. 8:32)

Dalila savait que Samson l'aimait, c'est pourquoi elle a pu le pousser à lui révéler la source de sa force.

LA NATURE DE L'AMOUR

Mets-moi comme *un sceau sur ton cœur, comme un sceau sur ton bras;* car *l'amour est fort comme la mort,* la jalousie est inflexible comme le séjour des morts; ses ardeurs sont des ardeurs de feu, une flamme de l'Éternel. (Cantique des Cantiques 8:6)

L'amour est tangible

Ce verset décrit la nature de l'amour. Quand nous aimons quelqu'un, nous voulons que ce soit visible. L'amour veut toujours être porté comme un sceau sur le bras. Il est donc impossible de prétendre aimer quelqu'un sans l'exprimer d'une manière concrète.

Dieu nous manifeste aussi son amour en répondant à nos prières.

Guéri d'un problème à la colonne vertébrale

Cet après-midi même, j'ai vu Dieu répondre à ma prière par amour. Les enfants d'une femme qui ne pouvait pas marcher à cause d'un problème à la colonne vertébrale me l'ont amenée pour que je prie pour elle. Je lui ai imposé les mains et ai demandé à Jésus de la guérir.

Un bruit semblable à un tourbillon s'est échappé de ses lèvres. Soudain, elle a commencé à crier: «Je suis guérie! Je suis guérie!» Elle a sauté de sa chaise et commencé à marcher pour la gloire de Dieu. L'amour de Dieu l'a trouvée et l'a guérie!

L'amour est aussi fort que la mort

L'amour est aussi puissant que la mort. Je me souviens de la mort de mon père: à son enterrement, il ne répondait plus à rien.

Quand on tombe follement amoureux, on se comporte parfois comme un mort. Aucun discours ni conseil ne peut nous pousser à rompre une mauvaise relation. Quand on est «mort d'amour», on ne réagit plus à aucune influence externe.

Quand nous comprenons la profondeur de l'amour de Dieu, toute la culpabilité dont le diable peut nous accabler ne peut entraver notre foi. Que Dieu vous bénisse contrairement aux imprécations des hommes!

L'amour peut vous pousser à tout donner

Cantique des Cantiques 8:7 dit: «Les grandes eaux ne peuvent éteindre l'amour, et les fleuves ne le submergeraient pas; quand un homme offrirait tous les biens de sa maison contre l'amour, il ne s'attirerait que le mépris.»

Un ami à moi est tombé follement amoureux d'une femme. Après quelques jours, il l'avait déjà nommée co-gérante de sa société. J'étais choqué! Moi, il ne m'avait jamais rien donné de tel, alors que je le connaissais depuis des années. Pourquoi? Parce qu'il était amoureux!

Parce que Dieu nous aime, il est prêt à tout nous donner, y compris son Fils. «Car Dieu a tant aimé le monde qu'il a donné son Fils unique, afin que quiconque croit en lui ne périsse point, mais qu'il ait la vie éternelle.» (Jean 3:16)

NOUS NOUS MEFIONS DE L'AMOUR DE DIEU

Et connaître l'amour de Christ, qui surpasse toute connaissance, en sorte que vous soyez remplis jusqu'à toute la plénitude de Dieu. (Eph. 3:19)

Il y a de nombreuses années, je me promenais avec un jeune homme que je connaissais et nous avons croisé une jeune fille du quartier. Mon ami l'a invitée à une fête qu'il organisait. Voici ce qu'elle lui a répondu: «Ho, Joe, je te connais. Je crois que tu as de mauvaises intentions à mon égard.»

Cette fille doutait de la sincérité de l'invitation, elle craignait qu'il ait des motivations secrètes.

Nous doutons généralement de l'amour de Dieu et pensons qu'il a des motivations secrètes quand il nous invite à le servir.

Nous ne pouvons comprendre son amour. C'est pourquoi nous avons besoin de la révélation.

L'incroyant radical

Un jour, j'ai témoigné à un incroyant radical qui a donné sa vie à Christ. Le lendemain, je suis allé le voir et l'ai trouvé au lit avec sa petite amie. Je l'ai fait sortir et lui ai demandé pourquoi il voulait retourner à son ancienne vie.

Il m'a regardé et m'a répondu: «La nuit dernière était une erreur. Je ne veux plus donner ma vie à Christ!»

J'étais choqué! C'était la première fois que j'entendais quelqu'un dire que servir Dieu était une erreur. Rien de ce que j'ai dit n'a pu le faire changer d'avis.

Cet homme avait manifestement entendu parler de l'amour de Dieu, mais il n'en comprenait pas la longueur, la largeur, la hauteur et la profondeur. Ce n'est possible que par révélation! Il préférait l'amour de sa petite amie à celui de Dieu.

L'étendue de notre conviction que quelqu'un nous aime déterminera toujours les faveurs que nous lui demanderons. C'est très facile pour moi de demander quelque chose à ma femme, parce que je suis convaincu qu'elle m'aime.

LES EFFETS D'UNE BONNE COMPREHENSION DE L'AMOUR DE DIEU

Or, à celui qui peut faire, par la puissance qui agit en nous, *infiniment au-delà de tout ce que nous demandons ou pensons.* (Eph. 3:20)

Ce n'est que lorsque nous avons reçu cette révélation de l'amour de Dieu que nous pouvons commencer à prier pour l'inimaginable, pour des choses qui dépassent notre entendement et nos compétences. Je crois que nous passons dans le domaine du miraculeux. Notre foi est chargée et notre cœur prend courage.

Les réservoirs célestes sont remplis de bonnes choses, qui peuvent toutes être pour vous si seulement vous approfondissez votre compréhension de l'amour de Dieu.

La percée de quelqu'un se trouve au ciel en ce moment même! L'épouse de quelqu'un se trouve au ciel en ce moment même! La robe de mariée d'une personne a déjà été cousue au ciel! La voiture de quelqu'un a été mise en route par un ange au ciel en ce moment même! Puissiez-vous comprendre l'amour de Dieu!

L'AMOUR PRODUIT LA FOI

Car, en Jésus-Christ, ni la circoncision ni l'in-circoncision n'a de valeur, mais *la foi qui est agissante par la charité.* (Gal. 5:6)

L'amour est un combustible dont la foi a besoin pour fonctionner. Je me souviens lorsque j'étais étudiant, j'avais assez de foi pour parfois emprunter la voiture de ma femme parce que je savais qu'elle m'aimait.

Mieux vous comprenez à quel point quelqu'un vous aime, plus vous aurez de foi en cette personne.

Je veux une femme qui sache dépenser l'argent

Un jour, j'ai rencontré un homme qui m'a dit qu'il cherchait une femme.

Je lui ai demandé: «Quel genre de femme voulez-vous?»

Il m'a répondu: «Je veux une femme qui sache dépenser l'argent.»

J'étais un peu surpris, mais il était sérieux.

Quand je lui ai demandé pourquoi, il m'a répondu: «Si je trouve une femme qui aime dépenser l'argent, cela me motivera à en gagner plus.»

Dieu cherche quelqu'un qui sache dépenser sa grâce. Puissiez-vous comprendre l'amour de Dieu!

La règle du nom de Jésus

L'enfant épileptique

Le nom de Jésus est la clé des signes et des miracles.

Pour faire tout ce que ta main et ton conseil avaient arrêté d'avance. Et maintenant, Seigneur, vois leurs menaces, et donne à tes serviteurs d'annoncer ta parole avec une pleine assurance, en étendant ta main, pour qu'il se fasse des guérisons, des *miracles et des prodiges, par le nom de ton saint serviteur Jésus.* (Actes 4:28-30)

Un jour, une femme m'a amené son enfant épileptique pour que je le guérisse. J'ai pris une bouteille d'huile d'onction et ai prié pour lui avec foi, selon Jacques 5:14-15a: «Quelqu'un parmi vous est-il malade ? Qu'il appelle les anciens de l'Église, et que les anciens prient pour lui, en l'oignant d'huile au nom du Seigneur; la prière de la foi sauvera le malade.» Cela montre la puissance du nom de Jésus.

Après quatre mois environ, cette femme est revenue me voir et m'a dit: «Prophète, depuis le jour où vous avez prié pour mon fils, ses crises d'épilepsie ont cessé et il est complètement guéri.» C'est la puissance du nom de Jésus!

Rien ne s'est passé quand j'ai mentionné le nom de Jésus

Il y a des années, quand j'étais encore un bébé spirituel, mes prières pour d'autres au nom de Jésus portaient peu de fruit. Cela m'inquiétait beaucoup. Je me demandais ce qui n'allait pas chez moi.

Pendant ce temps, quand d'autres priaient, je voyais des démons chassés, des malades guéris, des signes et des miracles. Je me demandais pourquoi rien n'arrivait quand c'était moi qui mentionnais le nom de Jésus. Cela m'inquiétait, car j'avais lu tous ces merveilleux passages bibliques sur la puissance de ce nom.

Les démons peuvent mentionner le nom de Jésus

Je me souviens d'une fois où j'ai prié avec un groupe de pasteurs pour une femme qui souffrait de schizophrénie. A chaque mention du nom de Jésus, elle éclatait de rire et le répétait d'une voix moqueuse. J'étais très perturbé. Par la suite, j'ai découvert que la Bible parle de personnes qui ont été confrontées à un problème similaire. Actes 19:15-16 dit:

L'esprit malin leur répondit: *Je connais Jésus, et je sais qui est Paul*; mais vous, qui êtes-vous? Et l'homme dans lequel était l'esprit malin s'élança sur eux, *se rendit maître de tous deux*, et les maltraita de telle sorte qu'ils s'enfuirent de cette maison nus et blessés.

Non seulement le nom de Jésus n'avait aucun effet sur ce démon, mais il a même eu le courage de le prononcer lui-même. Quelque chose n'allait pas, il manquait quelque chose pour débloquer la puissance du nom de Jésus.

LE NOM DE JESUS ET
UN AUTRE ESPRIT

Ceux qui me disent: Seigneur, Seigneur! N'entreront pas tous dans le royaume des cieux, mais celui-là seul qui fait la volonté de mon Père qui est dans les cieux. Plusieurs me diront en ce jour-là: Seigneur, Seigneur, n'avons-nous pas prophétisé par ton nom? N'avons-nous pas chassé des démons par ton nom? Et n'avons-nous pas fait beaucoup de miracles par ton nom? Alors je leur dirai ouvertement: Je ne vous ai jamais connus, retirez-vous de moi, vous qui commettez l'iniquité. (Matt. 7:21-23)

Jésus a parlé de serviteurs de Dieu puissants qui seront refoulés aux portes du ciel. Cela inclura de puissants prophètes qui auront prophétisé et fait des miracles en son nom, des évangélistes et des apôtres qui auront chassé des démons et accompli des œuvres extraordinaires en son nom. Le plus intéressant est que, bien qu'ils aient fait tout cela au nom de Jésus, celui-ci dira qu'il ne les a jamais connus.

Le terme «jamais» signifie qu'ils n'ont jamais été associés à Jésus, à aucun moment de leur vie. Le terme grec pour «jamais» est oudepote et signifie pas une seule fois.

Si Jésus ne les a jamais connus, par quelle puissance ont-ils accompli leurs miracles? Si ce n'est par le Saint-Esprit, alors il doit bien y avoir un autre esprit qui agit sous la couverture du nom de Jésus.

Paul nous avertit de cette probabilité dans sa lettre à l'église de Corinthe. 2 Corinthiens 11:4 dit:

Car, si quelqu'un vient vous prêcher un autre Jésus que celui que nous avons prêché, ou si vous recevez un autre Esprit que celui que vous avez reçu, ou un autre Évangile que celui que vous avez embrassé, vous le supportez fort bien.

Il est possible de prêcher un autre Jésus avec un autre Evangile et un autre Esprit que le Saint-Esprit.

LES CONDITIONS LIEES
AU NOM DE JESUS

Un jour, quelqu'un est venu me demander mon accord pour se servir de mon nom pour quelque chose qu'il faisait. J'ai posé certaines conditions, sans lesquelles je n'étais pas prêt à soutenir ce qu'il faisait.

Je crois que la raison pour laquelle nous ne semblons parfois pas voir la puissance associée au nom de Jésus est qu'il y a certaines conditions à remplir pour cela. Le même Jésus qui a dit: «En mon nom vous chasserez des démons» a posé aussi des conditions à l'emploi de son nom.

Ce n'est pas vous qui m'avez choisi; mais moi, je vous ai choisis, et je vous ai établis, afin que vous alliez, et que vous portiez du fruit, et que votre fruit demeure, afin que *ce que vous demanderez au Père en mon nom, il vous le donne.* (Jean 15:16)

L'expression «afin que ce que vous demanderez au Père en mon nom, il vous le donne» pose une condition au fait de demander au nom de Jésus. Jésus a posé des conditions à l'emploi de son nom.

Examinons les conditions contenues dans ce verset. Notons les termes-clés de ces conditions: choisis, établis et fruit. Nous examinerons chacun de ces mots en détail.

LE NOM ET LA VOLONTE DE DIEU

Le nom de Jésus agira sur ce que Dieu a choisi. Autrement dit, il est efficace en lien avec ses «choix, sa volonté, ses plans et son initiative».

Le terme «initiative» signifie faire le premier pas. Autrement, je pourrais prier au nom de Jésus que Dieu m'aide à voler, mais ce ne serait claire-ment pas la volonté de Dieu.

Le nom de Jésus n'a pas marché pour les sept fils de Scéva, parce qu'ils étaient en dehors de la volonté de Dieu. Ils n'étaient ni nés de nouveau, ni envoyés par le Seigneur. Ils mentionnaient le nom de Jésus, mais sans effet sur les démons.

Vos choix comptent

Jésus a fait une remarque sur l'atmosphère spirituelle requise pour les miracles.

Celui qui m'a envoyé est avec moi; il ne m'a pas laissé seul, parce que *je fais toujours ce qui lui est agréable.* (Jean 8:29)

Il voulait dire que le Saint-Esprit est toujours avec lui, parce qu'il s'assure de faire ce qui plaît à Dieu. Non ce qui lui plaît, ni ce qui plaît à sa femme ou à son patron, mais ce qui plaît à Dieu. Autrement dit, il accomplit la volonté ou les choix de Dieu pour sa vie.

Jonas n'était pas dans la volonté de Dieu

Dans le livre de Jonas, Dieu a envoyé Jonas prêcher aux habitants de Ninive. Il a désobéi et s'est enfui en bateau à Tarsis. Dieu s'est mis en colère contre lui et a envoyé une grande tempête sur la mer. Les marins et Jonas ont prié que la tempête se calme, mais elle n'a pas cessé. Les prières de Jonas n'ont pas été exaucées parce qu'il n'était pas dans la volonté de Dieu.

LE NOM ET CE QUE DIEU A ORDONNE

La traduction littérale du verbe grec traduit par «ordonner» est placer. Une autre traduction possible serait nommer. Il y a deux sortes de placements ou de nominations dans notre relation avec Dieu: une spirituelle et une physique. Quand nous laissons Dieu nous placer à la fois spirituellement et physiquement, cela crée un environnement propice à l'exaucement des prières.

PLACEMENT SPIRITUEL ET PHYSIQUE

Il y a de nombreuses années, j'ai vécu une expérience avec Dieu qui a définitivement changé le cours de ma vie. Le Seigneur m'est apparu dans une vision et m'a nommé prophète et enseignant. J'ai vu beaucoup de puissants miracles et signes de produire au nom de Jésus, parce que j'agissais dans les limites de cet appel. Je crois que le placement physique a aussi un grand rôle à jouer dans l'exaucement de nos prières. Vous devez être situé au bon endroit, dans la bonne ville, avoir le bon emploi, etc., comme le Seigneur vous l'a montré.

Le nom de Jésus a agi avec puissance pour les soixante-dix

Après cela, le Seigneur désigna encore soixante-dix autres disciples, et il les envoya deux à deux devant lui dans toutes les villes et dans tous les lieux où lui-même devait aller. (Luc 10:1)

Le ministère des soixante-dix disciples envoyés par Jésus pour prêcher a été un grand succès, grâce à leur placement. Spirituellement, ils étaient bien placés parce qu'ils avaient été choisis par Jésus, pas par les hommes. Physiquement, ils étaient bien placés parce qu'il leur avait montré quelles villes visiter. En résultat, leurs prières étaient appuyées par des signes et des miracles.

Ils sont revenus lui faire un rapport: «Seigneur, les démons mêmes nous sont soumis en ton nom.» (Luc 10:17b)

Pour quoi avez-vous été nommé? Faites-le, et votre vie de prière prospérera.

Ma propre expérience

Après avoir obtenu ma première licence, je suis parti aux Etats-Unis dans l'intention de poursuivre mes études par un Master. Le Seigneur Jésus m'est apparu et m'a demandé d'arrêter, parce que ce n'était pas ce qu'il avait prévu pour moi. Il m'a rappelé aussi que j'étais censé entrer dans le ministère. J'ai immédiatement obéi à cette vision concernant mon placement physique et spirituel.

Je me demande ce qui se serait passé si j'avais désobéi. Je crois que le Seigneur aurait toujours été avec moi, mais j'aurais difficilement pu avoir une vie de prière aussi puissante que celle que j'ai maintenant, parce que j'aurais été en dehors de la volonté de Dieu.

L'exemple de Paul

De retour à Jérusalem, comme je priais dans le temple, je fus ravi en extase, et je vis le Seigneur qui me disait : Hâte-toi, et sors promptement de Jérusalem, parce qu'ils ne recevront pas ton témoignage sur moi. (Actes 22:17-18)

Le Seigneur a indiqué à Paul son placement spirituel: il devait quitter Jérusalem et prêcher l'Evangile aux non-Juifs.

Si Paul avait persisté dans son ministère à Jérusalem, il aurait porté très peu de fruit et toutes ses prières au nom de Jésus n'y auraient rien changé, parce qu'il n'aurait pas été là où Dieu l'avait placé.

LE NOM ET LES «FRUITS»

Mais le fruit de l'Esprit, c'est *l'amour, la joie, la paix, la patience, la bonté, la bénignité, la fidélité, la douceur, la tempérance;* la loi n'est pas contre ces choses. (Gal. 5:22-23)

Si nous voulons avoir une vie de prière puissante, il est important de porter du fruit spirituellement. Jésus a dit: «afin que vous alliez, et que vous portiez du fruit, et que votre fruit demeure, afin que ce que vous demanderez au Père en mon nom, il vous le donne.»

On peut classer ces fruits en deux catégories: notre relation avec les autres et avec Dieu. C'est important, car étroitement lié à la loi des relations, que j'ai mentionnée précédemment. Sans une bonne relation avec Dieu et avec les autres hommes, nos prières seront fortement entravées.

1. Les fruits et nos relations avec les autres

Si donc tu présentes ton offrande à l'autel, et que là tu te souviennes que ton frère a quelque chose contre toi, laisse là ton offrande devant l'autel, et va d'abord te réconcilier avec ton frère; puis, viens présenter ton offrande. (Matt. 5:23-24)

Les fruits spirituels sont en grande partie liés à notre *caractère* et à notre *nature*. Nous sommes généralement poussés à porter ces fruits dans nos relations avec les autres. L'amour, la patience, la douceur, la bonté et la bénignité poussent généralement dans le terreau des relations.

Nos relations exposent nos faiblesses et mettent nos forces à l'épreuve. Elles nous forcent à travailler sur nos faiblesses de caractère. Le mariage, par exemple, requiert la tempérance et la maîtrise de soi. Il peut vous forcer à contrôler vos émotions pour chercher à construire une meilleure relation avec votre conjoint.

Les relations peuvent éprouver vos forces, car, quand vous êtes fort dans un domaine particulier, vous aurez besoin de douceur et de patience avec d'autres personnes moins avisées que vous. Il est important de porter des fruits, car des relations harmonieuses avec les autres sont une condition à l'exaucement de nos prières. Développer ces fruits nous aide à répondre à cette exigence.

Je crois que l'augmentation du taux de divorces s'explique par notre manque de patience. Beaucoup de foyers ont été brisés à cause de cela. «Patience», en anglais «longsuffering», signifie littéralement souffrir longtemps. Le seul moyen de développer la patience est de souffrir longtemps.

La douceur, en revanche, est l'humble soumission à la Parole de Dieu. Quand la Bible interdit l'adultère et la fornication, nous devons être assez humbles pour y obéir.

Passons à la maîtrise de soi. Même lorsque nous sommes en colère, nous devons savoir nous contrôler, ne pas crier, jurer et insulter.

Quand vous empruntez de l'argent à quelqu'un, assurez-vous de le rembourser. Ce genre de choses attristent le Saint-Esprit. Vous ne devez pas seulement porter du fruit, mais votre fruit doit demeurer, pas seulement une semaine, mais longtemps.

2. Les fruits et notre relation avec Dieu

Par notre relation avec Dieu, par la prière, la Parole et la sainteté, nous produisons les fruits de *l'amour*, *la joie*, *la paix* et *la foi*. Le nom de Jésus agit si nous avons *la foi*.

En Actes 3:16, la Bible dit: «C'est par *la foi en son nom que son nom* a raffermi celui que vous voyez et connaissez; c'est la foi en lui qui a donné à cet homme cette entière guérison, en présence de vous tous.»

Savez-vous pourquoi les démons peuvent prononcer son nom? Parce que, quand ils le prononcent, ils n'ont pas la foi. Or, il faut la foi pour activer la puissance du nom de Jésus! Notre foi grandit par l'étude de la Parole et par notre relation avec Dieu.

Par exemple, quand un médecin effectue une opération, on peut penser qu'il n'a fait que couper une section de la peau du patient, mais dans sa tête, il a ouvert une dizaine de livres de médecine que vous ne voyez pas. Son acte peut sembler simple, mais il se base sur des années d'étude et d'expérience.

Il en est de même avec la prière: quand je prie, je ne fais que prononcer de simples mots, mais dans mon cœur, j'ai ouvert beaucoup de passages bibliques en esprit, que vous ne voyez pas. Vous pouvez penser que c'est simple, mais en fait, c'est très complexe. Ce sont ces passages bibliques qui génèrent la foi requise pour accomplir des miracles.

LE NOM DE JESUS ET LES REVELATIONS

Ephésiens 1:18-21 dit:

Et qu'il illumine les yeux de votre cœur, pour que vous sachiez quelle est l'espérance qui s'attache à son appel, quelle est la richesse de la gloire de son héritage qu'il réserve aux saints, et quelle est envers nous qui croyons l'infinie grandeur de sa puissance, se manifestant avec efficacité par la vertu de sa force. Il l'a déployée en Christ, en le ressuscitant des morts, et en le faisant asseoir à sa droite dans les lieux célestes, au-dessus de toute domination, de toute autorité, de toute puissance, de toute dignité, et de tout nom qui se peut nommer, non seulement dans le siècle présent, mais encore dans le siècle à venir.»

Paul a prié que l'église d'Ephèse reçoive des révélations dans trois domaines: *l'appel* de Dieu, la *richesse de sa gloire et sa puissance.* Pour ce qui est de la puissance de Dieu, il met l'accent sur le fait que l'Eglise a besoin de la révélation du nom de Jésus.

On peut connaître les choses de différentes manières: intellectuellement, par l'expérience ou spirituellement. Parfois, quand nous lisons un passage biblique, nous pouvons le connaître intellectuellement, mais pas spirituellement.

La *révélation* est une connaissance et une compréhension des choses en esprit. C'est pourquoi Jésus a dit à Simon Pierre: «ce ne sont pas la chair et le sang qui t'ont révélé cela.» Autrement dit, il n'en avait pas de connaissance intellectuelle. Par révélation du nom de Jésus, nous avons accès à l'énorme puissance de Dieu.

Ma recherche

Il y a plusieurs années, en tant que jeune pasteur, j'étais de plus en plus frustré par le manque de puissance, de signes et de miracles dans mon ministère. Alors, j'ai commencé à faire une recherche biblique et spirituelle des raisons pour lesquelles je n'accomplissais pas de miracles au nom de Jésus. J'ai acheté beaucoup de livres sur le nom de Jésus. J'ai aussi cherché dans ma Bible et dans ma concordance des passages qui parlent du nom de Jésus. Pendant certaines périodes, j'associais la prière et le jeûne à ma recherche.

Puis, un jour, quelque chose s'est produit: je priais dans ma chambre quand soudain, j'ai été saisi par l'Esprit et vu les cieux s'ouvrir. J'ai vu quelqu'un comme Jésus descendre des nuages. J'ai aussi vu une foule d'anges vêtus de blanc, qui chantaient: «Gloire au Seigneur, gloire au Seigneur.» Puis, j'ai vu Jésus qui marchait au milieu d'eux. J'ai dit: «Voici Jésus.» J'ai senti une grande puissance et une forte présence dans ma chambre, puis je suis tombé à terre pour adorer.

Quand il est venu se tenir devant moi, quelque chose m'a fait sentir que je devais lever la tête et le regarder. J'ai remarqué quelque chose d'étrange: ses vêtements ne brillaient pas. J'avais déjà vu Jésus auparavant et ses vêtements étaient toujours resplendissants, mais pas cette fois. Je me demandais pourquoi.

Quand je l'ai regardé, mes yeux ont croisé deux yeux verts. J'ai immédiatement compris que ce n'était pas Jésus. Je regardais Satan les yeux dans les yeux. Le diable se tenait devant moi.

1 Corinthiens 11:14-15 dit: «Et cela n'est pas étonnant, puisque Satan lui-même se déguise en ange de lumière. Il n'est donc pas étrange que

ses ministres aussi se déguisent en ministres de justice. Leur fin sera selon leurs œuvres.»

La crainte qui m'a saisi le cœur était inexplicable. J'ai commencé à crier: «Jésus!» Soudain, j'ai entendu une forte explosion: «Bouuuuum!» Une éclair de lumière a illuminé la chambre. Satan et ses anges ont été emportés par le nom de Jésus.

Puis le Seigneur m'a dit: «Mon fils, tu voulais en savoir plus sur le nom de Jésus. Aujourd'hui, je t'ai révélé la puissance de ce nom. Dorénavant, quand tu prieras, tu verras mon nom à l'œuvre.»

Vous n'avez pas besoin de vivre la même expérience pour comprendre et connaître la puissance du nom de Jésus. Il suffit que Dieu vous en accorde la révélation par l'esprit.

L'homme ne peut pas tout vous apprendre. Il y a des choses que seul Dieu peut vous enseigner. Jésus a dit à ses disciples: «J'ai encore beaucoup de choses à vous dire, mais vous ne pouvez pas les porter maintenant. Quand le consolateur sera venu, l'Esprit de vérité, il vous conduira dans toute la vérité; car il ne parlera pas de lui-même, mais il dira tout ce qu'il aura entendu, et il vous annoncera les choses à venir.» (Jean 16:12-13) Même Jésus ne pouvait pas tout apprendre. Il a dit que le Saint-Esprit vous enseignera le reste.

J'aimerais que vous leviez les mains et priiez que Dieu ouvre les yeux de votre entendement et vous éclaire sur la puissance du nom de Jésus.

Père, je prie pour ton enfant. Je prie que tu lui révèles le nom de Jésus. Amen!

Le cheval blanc

Chaque fois que je lis le livre de l'Apocalypse, j'ai l'impression de regarder une scène d'un film hollywoodien, tellement l'essentiel de ce qui est décrit semble surréaliste. Vous savez, le ciel sera un endroit intéressant. Nous ne nous ennuierons jamais, car il semble que même l'image de Dieu ne sera pas constante, mais changera.

Parfois, Jésus apparaît comme un homme aux cheveux aussi blancs que la laine et aux yeux étincelants. D'autres fois, on le voit sous la forme d'un agneau immolé, puis monté sur un cheval, avec des épées qui sortent de sa bouche. Que c'est passionnant!

LES NOMS DE JESUS

Puis je vis le ciel ouvert, et voici, parut un cheval blanc. Celui qui le montait s'appelle Fidèle et Véritable, et il juge et combat avec justice. Ses yeux étaient comme une flamme de feu; sur sa tête étaient plusieurs diadèmes; il avait un nom écrit, que personne ne connaît, si ce n'est lui-même; et il était revêtu d'un vêtement teint de sang. Son nom est la Parole de Dieu. Les armées qui sont dans le ciel le suivaient sur des chevaux blancs, revêtues d'un fin lin, blanc, pur. De sa bouche sortait une épée aiguë, pour frapper les nations; il les paîtra avec une verge de fer; et il foulera la cuve du vin de l'ardente colère du Dieu tout puis-sant. Il avait sur son vêtement et sur sa cuisse un nom écrit: Roi des rois et Seigneur des seigneurs. (Apoc. 19:11-16)

Parmi les noms de Jésus mentionnés dans le passage ci-dessus, il y a *Parole de Dieu*, *Roi des rois* et *Seigneur des seigneurs*. La plupart des gens ont au moins deux noms, mais certains en ont plus. De même, Jésus avait plusieurs noms. Jean l'appelle la *Parole de Dieu*, le nom par lequel il était connu avant son incarnation sur terre.

Jean 1:1 dit: «Au commencement était *la Parole*, et la Parole était avec Dieu, et la Parole était Dieu.» Le verset 14 ajoute: «Et la parole a été faite chair, et elle a habité parmi nous, pleine de grâce et de vérité; et nous avons contemplé sa gloire, une gloire comme la gloire du Fils unique venu du Père.»

D'OU VIENT LA PUISSANCE DU NOM DE JESUS?

Jésus, la Parole de Dieu, est celui qui est assis sur le cheval blanc. A noter que le nom de Jésus est soutenu par des *armées* et des *armes*.

Il y a une armée céleste, qui accomplit ce que lui, la Parole de Dieu, dit. Le Président des Etats-Unis ressemble à n'importe quel autre être humain, mais ne vous y trompez pas: il a une armée sous ses ordres. Quand il dit d'attaquer, sa parole a le pouvoir d'enclencher des bombes atomiques, des sous-marins, des mitraillettes et des forces armées. De même, le nom de Jésus est soutenu par des armées et armes spirituelles!

QUE FAUT-IL POUR METTRE EN ROUTE L'ARMEE?

Puis je vis le ciel ouvert, et voici, parut un cheval blanc. Celui qui le montait s'appelle *Fidèle et Véritable*, et il juge et combat *avec justice*. (Apoc. 19:11)

Jésus, à la tête de l'armée, assis sur un cheval blanc, est capable de diriger son armée à cause de ces trois qualités: la fidélité, la vérité et la justice. Je crois que nous avons des leçons à apprendre ici. Pour que l'armée céleste nous soutienne dans nos prières, nous avons besoin de ces qualités.

Vision du cheval blanc

Un jour, un frère m'a partagé une expérience surnaturelle qu'il avait eue. Il était couché sur son lit et écoutait une de mes prédications audio sur une rencontre que j'avais eue avec Jésus. Il a commencé à prier et a demandé à Dieu de lui donner une telle expérience surnaturelle, parce qu'il n'en avait jamais eue. Soudain, un cheval blanc est apparu à côté de son lit. Le cheval lui a parlé et lui a dit que le Seigneur l'avait envoyé l'emporter au ciel en réponse à ses prières. Il est resté sans voix.

Quand il est monté sur le cheval, sa couleur a changé, du blanc pur au gris. Il a demandé au cheval pourquoi sa couleur avait changé.

Le cheval lui a répondu: «Je représente la sainteté de la personne que je porte: plus tu es pécheur, plus je m'assombris.»

Il a incliné la tête de honte. Vous avez besoin de qualités spirituelles pour monter le cheval blanc.

1. FIDELE

Le terme «fidèle» signifie *loyal*. Loyal à qui? A Dieu et à sa Parole! Une des choses qui met à l'épreuve votre loyauté est le temps.

En Matthieu 25, la Bible raconte la parabole des talents. Au verset 19, elle dit: «*Longtemps après*, le maître de ces serviteurs revint, et leur fit rendre compte.»

Le temps qui passe est une des choses qui rendent le mariage, par exemple, si difficile.

Les relations à court terme sont faciles à gérer, parce qu'elles ne vous exposent pas aux différentes saisons de la vie.

Par exemple, une relation avec quelqu'un que vous avez rencontré il y a six mois est différente de la même relation après dix ans de mariage. La personne peut avoir changé radicalement, pris beaucoup de poids. Elle peut avoir une oligospermie qui l'empêche d'avoir des enfants. Cette nouvelle saison du mariage est remplie de défis.

Servir Dieu en tant qu'étudiant est différent de servir Dieu en tant que personne mariée. Servir Dieu en tant que personne riche est différent de servir Dieu quand on est fauché. Pour toutes ces raisons, beaucoup de personnes trouvent difficile d'être cohérentes dans leur marche avec Dieu. Les saisons exposent des faiblesses auparavant cachées et non exposées.

Hébreux 3:1-2 dit: «C'est pourquoi, frères saints, qui avez part à la vocation céleste, considérez l'apôtre et le souverain sacrificateur de la foi que nous professons, Jésus, qui a été *fidèle à celui* qui l'a établi, comme le fut Moïse dans toute sa maison.»

Savez-vous ce que cela veut dire? Jésus, qui était envoyé par Dieu sur terre, en tant qu'apôtre, pour le représenter, est ensuite monté au ciel en tant que grand-prêtre, pour nous représenter. Sur la terre comme au ciel, il était fidèle. Les changements de statut, d'emplacement et de position ne l'ont pas changé, lui.

J'ai vu des personnes rétrograder à cause de l'argent. Luc 16:11 dit: «Si donc vous *n'avez pas été fidèle* dans les richesses injustes, qui vous confiera les véritables?» Si vous allez à toutes les réunions de prière, mais n'êtes pas fidèle à Dieu, cela entravera vos prières. L'armée ne réagira pas. Une vie de prière puissante est générée par notre mode de vie!

Matthieu 25:23 dit: «*C'est bien, bon et fidèle serviteur*; tu as été fidèle en peu de chose, je te confierai beaucoup; entre dans la joie de ton maître.»

A cause de sa fidélité, ce serviteur est devenu un maître. Si nous sommes fidèles à Dieu et à sa Parole, nous règnerons par la prière.

2. VRAI

Le terme «vrai» signifie *authentique*. Vous savez, c'est étonnant de voir combien de choses de la sphère naturelle semblent refléter la sphère spirituelle. Le monde naturel est vraiment une manifestation du monde spirituel. Il est de plus en plus difficile de distinguer le vrai du faux dans ce monde.

Le faux chien

Un jour, on m'a vendu un chien. Le vendeur prétendait qu'il s'agissait d'une race exotique. En fait, en temps normal, je ne l'aurais pas cru, mais, parce que c'était un membre de mon église qui me l'avait présenté, je lui ai accordé le bénéfice du doute. Par la suite, le chien n'a pas développé les caractéristiques associées à cette race. Je suis finalement parvenu à la conclusion que c'était un faux! J'ai appelé le vendeur et lui ai dit de venir le chercher.

De la même manière, Dieu s'attend à ce que les chrétiens produisent les fruits de l'Esprit. Malheureusement, avec le temps, certains ne développent pas les traits qui caractérisent les chrétiens. Savez-vous ce que cela veut dire? Que ce sont de faux chrétiens! Le temps est venu pour vous d'être un chrétien authentique, car l'armée et les armes derrière le nom de Jésus ne répondent qu'aux véritables.

3. JUSTE

Le terme «juste» signifie saint. La seule chose que le diable ne peut copier est la sainteté. Il peut copier les signes, les miracles, la puissance, etc.

Quand Jésus est entré dans le Temple en Luc 4:34, le mauvais esprit lui a dit: «Je sais qui tu es: *le Saint de Dieu.*» C'est sa sainteté qui donne la puissance à son nom. Le mauvais esprit savait qu'associer le nom de Jésus et la sainteté est un mélange dangereux.

Cher lecteur, il ne s'agit pas simplement de courir à toutes les réunions de prière, mais de connaître les règles de l'engagement. Soyons fidèles, vrais et justes. Alors, quand nous prierons au nom de Jésus, les armées du ciel nous répondront. Puisse le ciel répondre à vos prières.

A propos de l'auteur
Kakra Baiden

IL Y A DE NOMBREUSES ANNEES, le Seigneur Jésus-Christ est apparu dans une vision à Kakra Baiden et l'a appelé à un ministère prophétique, d'enseignement et de miracles. Il est également appelé la «Bible vivante» pour sa capacité surnaturelle à prêcher et enseigner la Bible de mémoire.

Le pasteur Baiden est architecte de profession et évêque de la dénomination Lighthouse Chapel International. Il a formé beaucoup de pasteurs et implanté de nombreuses églises avec Lighthouse.

Il est actuellement pasteur principal de Morning Star Cathedral, Lighthouse Chapel International, à Accra. C'est un revivaliste et conférencier recherché.

Il est également le Président d'Airpower, un ministère qui lui permet de toucher le monde par des émissions radio et télévisées, des livres, des CD, des vidéos, Internet et les conférences internationales intitulées «The Airpower Conference». Il a prêché la Parole sur tous les continents et il est aussi l'auteur du best-seller Squatters (Squatteurs).

Le pasteur Baiden est marié à Lady Rev. Dr. Ewuradwoa Baiden et ils ont quatre enfants.

Pour plus d'informations sur les livres et messages (CD et DVD) de Kakra Baiden, écrivez à une des adresses suivantes:

ETATS-UNIS

26219 Halbrook Glen Lane
Katy, TX 77494

ROYAUME-UNI

32 Tern Road
Hampton, Hargate
Cambridgeshire
Pe78DG

GHANA

B.P. SK 1067
Sakumono Estates, Tema
Ghana-West Africa

E-MAIL: info@kakrabaiden.org

SITE INTERNET: www.kakrabaiden.org

FACEBOOK: www.facebook.com/KakraBaiden

TWITTER: www.twitter.com/ProphetKakraB

NUMEROS DE CONTACT:

+233 273 437 440 / +233 249 217 272 /
+233 207575215

www.ingramcontent.com/pod-product-compliance
Lightning Source LLC
Chambersburg PA
CBHW071634040426
42452CB00009B/1616